チャイルド本社

お誕生会が盛り上がる！ シアター＆マジック 演じ方のこつ ……4

わくわく楽しい！ お誕生会シアター

- ●パネルシアター **ハッピーバースデーの贈り物** …………6
- ●ペープサート **ひとつ大きくなったね** …………10
- ●歌のシアター **びっくりハッピーバースデー** …………14
- ●タオルシアター **卵の中から出ておいで** …………17
- ●絵人形シアター **かみなりゴロリンのお誕生日** …………20
- ●カップ麺容器シアター **プレゼント見ーつけた！！** …………24
- ●パネルシアター **森のお誕生会！** …………28
- ●ペープサート **ほかほかあったか誕生会** …………32
- ●毛糸のポンポンシアター **ポンポンクイズでお誕生日！** …36
- ●紙コップシアター **雪の中にかくれんぼう** …………40

ビックリ楽しい！お誕生会マジック

★1(ワン)・2(ツー)・3(スリー)マジック★

びっくりカップ	44
ウキウキ紙コップ	45
魔法の折り紙	46
不思議な動物さん	47
ロープで飛び出す飾り	48
飛び出す魚さん	49
不思議な黒い紙	50
魔法の箱	51
クルクルこま	52
不思議な雪だるま	53

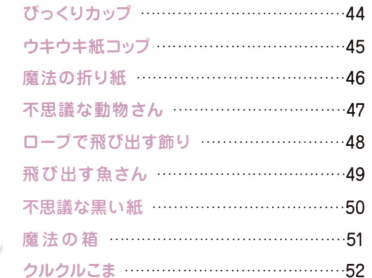

★マジックシアター★

- ●スポンジシアター **そうくんのおやつ** …………54
- ●めくり絵シアター **びっくりブーケでおめでとう！** …56
- ●牛乳パックシアター **お花が咲いたよ！** …………59
- ●めくり絵シアター **でるでる絵本** ………………62

コピー用型紙集 …………………65

本書の型紙を含むページをコピーして頒布・販売すること、及びインターネット上で公開することは、著作権者及び出版社の権利の侵害となりますので、固くお断りします。また、本書を使用して製作したものを第三者に販売することはできません。

シアター＆マジック 演じ方のこつ

「楽しませる」より「楽しむ」気持ちで！

お誕生会を盛り上げ、成長のよろこびをみんなで味わうには、シアターやマジックがぴったりです。
うまく演じようとするよりも、子どもたちといっしょに楽しむ気持ちが大切です。お祝の気持ちが子どもたちにも伝わるよう、楽しく演じましょう。もちろん、事前の練習や使用する人形・道具のチェックは忘れずに。

人形はよく見えるように

シアターに使う人形やアイテムは、全員がよく見えるように配慮しましょう。正面を子どもたちに向け、自分の体などで隠してしまわないように気をつけながら、大きな動作でゆっくりと動かしましょう。

子どもが参加できると、もっと楽しい！

子どもたちとのかけ合いも、シアターの醍醐味。お話の内容によっては、誕生児にシアターに参加してもらうのもおすすめです。また、みんなでお誕生日の歌をうたったり、「おめでとう」などの声かけをする場面を活用すると、誕生児以外の子どもたちも参加できて、さらに盛り上がります。

わくわく楽しい！お誕生会シアター

「おめでとう！」のメッセージが詰まったシアターは、
お誕生会にぴったり！
子どもたちとやりとりしながら楽しく演じましょう。

お誕生会シアター

●パネルシアター
ハッピーバースデーの贈り物

お誕生会にプレゼントを忘れてしまったお友達。
でも、大丈夫。魔法を使って、すてきなケーキを作りましょう！

作●アトリエ自遊楽校 渡辺リカ　絵人形イラスト●坂本直子

型紙
P65
～66

1

車、バス、UFOの切り込みに、それぞれうさぎ、くま、宇宙人を
さし込んでおきます。

保育者　きょうは○○くんと△△ちゃんのお誕生会です。
いろいろなお友達が遊びに来てくれました。
さて、初めは誰かな？

うさぎが乗った車を、左端から中央に出します。

うさぎ　お誕生日、おめでとう!!
保育者　誰が来たのかな？

お友達が遊びに来てくれました

2

「こんにちは」

子どもたちに問いかけながら、車を右下に貼り、うさぎを車から出します。

うさぎ こんにちは、うさぎです。
きょうは○○くんと△△ちゃんのお誕生会だから、急いで車に乗って来たの！

3

保育者 おや、また誰かやって来ました。

くまが乗ったバスを、左端から中央に出します。

くま お誕生日、おめでとう!!

保育者 誰が来たのかな？

子どもたちに問いかけながら、バスを中央下に貼り、くまをバスから出します。

くま こんにちは、くまです。きょうは○○くんと△△ちゃんのお誕生会だから、急いでバスに乗って来たんだよ！

「おめでとう!!」

4

「オタンジョウビ、オメデトウ!!」「誰が来たのかな？」

保育者 おや、またまた誰かやって来ました。

UFOを上から下に動かして、中央に出します。

宇宙人 オタンジョウビ、オメデトウ!!

保育者 誰が来たのかな？

子どもたちに問いかけながら、UFOを左端に貼り、宇宙人をUFOから出します。

宇宙人 コンニチハ、ボクハウチュウジン。
○○クントと△△チャンノ
オタンジョウカイダカラ、
イソイデUFOニノッテキタノダ。

5

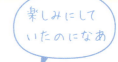

|保育者| あれぇ？
みんなプレゼントは？
|うさぎ| プレゼント？
|くま| あーっ！
|宇宙人| イソイデイテ、
ワスレテイマシタ。
|うさぎ| せっかくケーキを作ろうと
思っていたのに…。
|くま| あーあ、楽しみにしていたのになあ。

6

|保育者| 待って。こういうときはね、
ケーキの魔法を使うの。
まずはみんなでおまじないの練習ね。
こうやるの。

人さし指をくるくる回すなど、おまじないのしぐさを見せ、
子どもたちもまねをします。

|保育者| ♪うさぎちゃんの車　うさぎちゃんの車
　　おいしいケーキに　へんしんだ──っ!!

お気に入りのメロディーに乗せて、
おまじないをかけるしぐさをしながらうたいます。

うさぎの車を上下を逆にしながら裏返し、中央上に貼ります。

|うさぎ| やったー！　やったー！　ケーキになった！

7

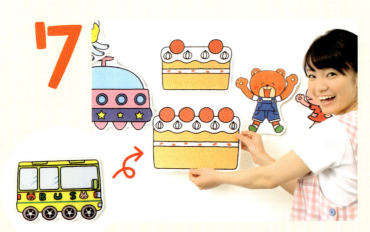

|保育者| でも、みんなで食べるには小さいよね。
|くま| ぼくのバスも、お願い！
|保育者| じゃあ、くまくんのバスもいくよー。
♪くまくんのバス　くまくんのバス
　おいしいケーキに　へんしんだ──っ!!

くまのバスを上下を逆にしながら裏返し、ケーキ①の下に
少し重ねて貼ります。

|くま| やったー！　やったー！　ケーキになった！

保育者	でも、みんなで食べるにはまだ小さいよね。
宇宙人	ボクノUFOモオネガイシマス。
保育者	じゃあ、宇宙人のUFOもいくよー。 ♪宇宙人のUFO　宇宙人のUFO 　おいしいケーキに 　へんしんだ――っ!!

宇宙人のUFOを裏返します。

| 宇宙人 | バンザーイ!　バンザーイ!　ケーキニナッタ! |
| 保育者 | おいしそうなケーキができたよ!
そうだ、みんなのケーキを合体させて…。 |

ケーキ③を、ケーキ②の下に少し重ねて貼ります。

| 保育者 | 上にろうそくも飾っちゃおう。 |

ケーキの一番上に、ろうそくを貼ります。

※誕生児の年齢に応じて、
　ろうそくの本数を変えましょう。

| 保育者 | ほら!　こんなに大きな
スペシャルお誕生ケーキの
できあがりー!
○○くんと△△ちゃん、
お誕生日おめでとう! |

誕生児をケーキのそばに呼びます。「ハッピー・バースデー・トゥー・ユー」(作曲／Patty S.Hill,Mildred J.Hill)の歌をみんなでうたいましょう。

おしまい

お誕生会シアター

● ペープサート

ひとつ大きくなったね

ねずみくんが、友達のために、苦手なことにチャレンジします。
成長の喜びが感じられるお話です。

作●浅野ななみ　絵人形イラスト・製作●くるみれな（まーぶる）

型紙
P67
～68

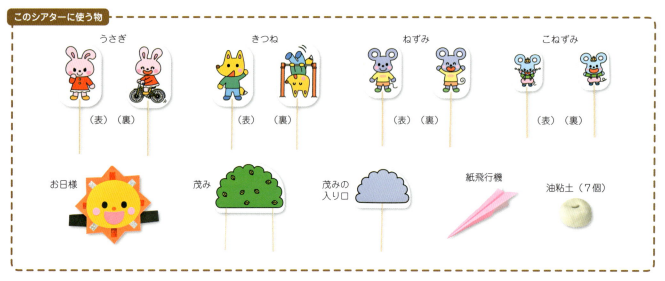

「キラキラ光っているお日様です」

油粘土を3個出し、うさぎ（表）、きつね（表）、ねずみ（表）をさします。
あとから登場する絵人形は、油粘土に立てて隠しておきます。

お日様 わたしは、空の上でキラキラ光っているお日様です。
ほらほら、わたしが光ると、みんなが外に出て遊び始めるんです。
いつもみんなが遊んでいる所を見ています。
きょうはどんなお友達が遊んでいるかな？

2

うさぎ（表）を持ちます。

うさぎ ねえねえ、わたし、
自転車に乗れるようになったの。

きつね どれどれ？

うさぎ 見ててね。ほら！

うさぎ（表）を反転させて、（裏）にします。

ねずみ わあ、すごい！

きつね 上手だねー！

うさぎ いっぱい練習したら、
乗れるようになったの。

ねずみ すごいねー。

3

うさぎ（裏）を反転させて（表）にし、油粘土にさして、きつね（表）を持ちます。

きつね ぼくもいっぱい練習したら、
できるようになったことがあるよ。

うさぎ なになに？

きつね 鉄棒の逆上がり！　見ててね。それ、よいしょ！

きつね（表）を反転させて、（裏）にします。

うさぎ わあ、すごい！

ねずみ みんな、すごいなあ。
ぼくは自転車も乗れないし、
逆上がりもできないや…。

きつね（裏）を反転させて（表）にし、油粘土にさします。

4

油粘土にさしたこねずみ（表）を出し、保育者は耳に手を当てます。

お日様 おや？　なにか聞こえますよ。
どこかな？

保育者は、手をかざしてあちこち見ます。

こねずみ ウエーンエンエン！

お日様 あれ？　こねずみちゃんが
泣いていますよ。

5

うさぎ（表）ときつね（表）を両手に持って、こねずみ（表）の脇に移動させます。

うさぎ　こねずみちゃん、どうしたの？
こねずみ　紙飛行機がどっか行っちゃったの。
きつね　紙飛行機？
こねずみ　あっちに飛んで、見えなくなっちゃったの。
ねずみ　どこかな、どこかな？

うさぎ（表）、きつね（表）、ねずみ（表）を持ってキョロキョロと動かしてから、全員油粘土にさします。

「こねずみちゃん、どうしたの？」
「紙飛行機がどっか行っちゃったの」

6

「あっ！あれじゃない？」

油粘土にさした茂みと、紙飛行機を貼った茂みの入り口を出します。
ねずみ（表）を持ち、茂みの方を指さします。

ねずみ　あっ！　あれじゃない？
うさぎ　そうよ！
　　　　　でも、暗くて狭い茂みの中だわ。
きつね　あんなに狭くちゃ入れないよ。
お日様　みんなはどうするのでしょう？

7

せりふに合わせて絵人形を持ち、動かします。

うさぎ　そうだ！　ねずみくんなら通れるわ。
きつね　そうだ！　ねずみくんならきっとできるよ！
ねずみ　でも、ぼく暗い所苦手なんだ…。
こねずみ　エーンエーン、ぼくの紙飛行機が…。
お日様　みんな、ねずみくんを応援してあげましょう！

保育者は子どもたちに向かって話しかけます。子どもたちの応援を受けたら…。

ねずみ　よし！　ぼく、がんばってみるよ！

「よし！ぼく、がんばってみるよ！」
「ねずみくんがんばれー」

8

ねずみ（表）を茂みの入り口と茂みの間に入れます。

お日様 ねずみくんは隙間をくぐり始めましたよ。大丈夫かな？

ねずみ よいしょ、よいしょ。

うさぎ もう少し！ あっ、紙飛行機に届いたよ！

きつね やったー！ わーい！

紙飛行機を取って茂みの後ろにねずみを移動させ、反転させて（裏）にしてから手に紙飛行機を貼って、茂みからゆっくり出します。

よいしょ、よいしょ

絵人形の動かし方

紙飛行機を片手で取ります。

茂みの裏に移動させ、ねずみを（裏）にしたら、ねずみの手に輪にしたセロハンテープで紙飛行機を貼ります。

ねずみ（裏）を茂みの入り口の前に出します。

9

ねずみ はい、こねずみちゃんの紙飛行機。

こねずみ（表）を反転させて（裏）にします。
ねずみ（裏）の持っている紙飛行機をこねずみ（裏）の手に貼り、ねずみ（裏）を油粘土にさします。

こねずみ ありがとう！ お兄ちゃん。

ねずみ えへへ。お兄ちゃんだって。

うさぎ すごいすごい。ねずみくん、怖くなかったの？

ねずみ ちょっと怖かったけど、平気だよ。

きつね ねずみくん、強いね。

お日様 ねずみくんもうれしそう。みんな、がんばりやの立派なお兄さん、お姉さんになりましたね。
これからもみんなのことを空から応援していますよ。
がんばれ、がんばれ、チャッチャッチャッ！

おしまい

ありがとう！お兄ちゃん

がんばれ、がんばれ、チャッチャッチャッ！

作り方

●材料● 画用紙、割り箸

画用紙に型紙をコピーして色を塗る
山折り

表と裏を貼り合わせてから切る
割り箸の先に挟んでセロハンテープで留める

お誕生会シアター

●歌のシアター

びっくりハッピーバースデー

畳んであるケーキがどんどん大きくなっていく、
お誕生会にぴったりのお話です。

作・製作●山本省三

型紙
P69

このシアターに使う物

作り方

●材料● 色画用紙、画用紙、キラキラした折り紙、丸シール

「ケーキでお祝いしましょう」

保育者はたたんだケーキ（表）を持って登場し、1段目を見せます。

保育者 きょうは○○ちゃんと△△くんのお誕生会をします。ケーキでお祝いしましょう。では、みんなで「ハッピー・バースデー・トゥー・ユー」（作曲／Patty S.Hill,Mildred J.Hill）をうたいます。

2

折ってある部分を
1段分、めくります。

🗨 お誕生日 おめでとう！

♪ハッピーバースデートゥーユー

| 保育者 | ♪ハッピーバースデートゥーユー |

「♪ユー」のところでケーキを1段増やします。

| 保育者 | おやおや、誰か来ましたよ。あれ？
うさぎちゃんがお祝いに来てくれました。 |
| うさぎ | ピョン！　ピョン！
お誕生日おめでとう！
きょうは、みんなでお祝いをしましょう！ |

3

♪ハッピーバースデートゥーユー

🗨 ほら！くまくんも来てくれましたよ

| 保育者 | ♪ハッピーバースデートゥーユー |

うたいながら、ケーキをもう1段増やします。

| 保育者 | また誰か来ましたよ。
ほら！　くまくんも来てくれましたよ。
次にやって来るのは、誰かな？
ワクワクするね！ |

4

♪ハッピーバースデー…

🗨 ○○ちゃん、△△くん、おめでとう！

| 保育者 | ♪ハッピーバースデー…。 |

「♪デー」のところでケーキを1段増やします。

| 保育者 | おや？　また誰か来ました。
「コンコン」という声が聞こえるよ！
わあ！　きつねさんです。 |
| きつね | ○○ちゃん、△△くん、
おめでとう！ |

5

保育者　♪ディア　○月のお誕生日のみんな〜
うたいながら、ケーキをさらに1段増やします。

保育者　またまた誰か来ましたよ。
すごい！
ぞうさんもお祝いに来てくれました。

6

うたいながらケーキ（表）を反転させて、
豪華なケーキ（裏）を見せます。

保育者　♪ハッピーバースデートゥーユー！
○○ちゃん、△△くん、
お誕生日おめでとう！

おしまい

お誕生会シアター

●タオルシアター

卵の中から出ておいで

くるりと返せば、卵がひなに早変わり。
手品のような変身場面に子どもたちもくぎづけ！

作●浅野ななみ　人形製作●くるみれな（まーぶる）

型紙 P69

1

テーブルの上に卵①〜③を入れた巣を置いておきます。保育者は、母鳥が飛んで来たように登場させ、卵に話しかけているように動かします。

保育者 暖かい春の風が吹いてきました。木の上の巣の中に、卵がありますよ。

母鳥 わたしのかわいい卵ちゃんたち。
お外は暖かくなりましたよ。
早く出ていらっしゃい。

保育者 すると、卵がコトコト動いて、中から小鳥の赤ちゃんが…。

母鳥を置き、卵①を裏返してひな①にします。

早く出て
いらっしゃい

17

2 母鳥がひな①と話しているように動かします。

- ひな① ピーピー、お母ちゃーん。
- 母鳥 はーい、お母さんよ。

3 保育者 あれ？ 隣の卵も動いているよ。

母鳥を置き、卵②を少し動かしてから、卵②を裏返してひな②にします。

4
- ひな② ピーピー、お母ちゃん。
- 母鳥 はーい、お母さんよ。
- ひな① おなかがすいたよー、ピーピー。
- 母鳥 はいはい、なにか食べる物を探しに行ってくるわね。

母鳥を、食べ物を探して飛んでいるように動かします。

5
- ひな①② おなかがすいたよー、ピーピー。
- 母鳥 はい、お待たせ。たくさんお食べ。

母鳥を巣の上に移動させ、ひなに食べ物をあげているようにくちばしを近づけます。

6

母鳥が卵③に向かって声をかけているように動かします。

母鳥 あらら、この子はまだ卵のまま。どうしたのかしら…。
早く出ていらっしゃーい。

保育者 (子どもたちに向かって)なかなか出てこないですね。
みんなもいっしょに呼んでみましょう。
出ておいでー!

母鳥を置き、卵③を少し動かします。

保育者 少し動いた!
もう1回呼んでみましょう。
出ておいでー!

卵③を裏返してひな③にします。

ひな③ ピーピーピー、お母ちゃーん。

母鳥がひな③に話しかけているように動かします。

母鳥 まあ、なんて大きな子!

7

母鳥 みんな卵から出てきてくれてうれしいわ。
きょうはみんなの誕生日ね。

保育者 お祝いの歌をみんなでうたいましょう。

母鳥をうたっているように動かしながら、「たんじょうび」(作詞/与田準一、作曲/酒田富治)などお誕生日の歌をうたいます。

保育者 お誕生日おめでとう!

おしまい

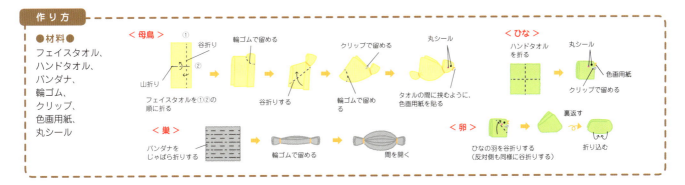

お誕生会シアター

●絵人形シアター

かみなりゴロリンのお誕生日

雷の修行中のゴロリンは、きょうが誕生日。
ひとつ大きくなったから、立派な雨と稲光が出せるかな？

作●浅野ななみ　絵人形製作●つかさみほ（まーぶる）

型紙
P69

このシアターに使う物：ゴロリン／お父さんのお面／雨（大）／雨（小）／雲／稲光

1

保育者はポケットに雨（大・小）と稲光を入れておきます。首からゴロリンを下げて登場します。

ゴロリン　ぼく、かみなりゴロリン！
きょうはぼくの誕生日。
だけど雷の修行をしなくちゃいけないんだ。
まずは太鼓の練習。
ドンドンドン！　ドンドコドン！

ゴロリンの手を持って、太鼓をたたくしぐさをします。

保育者　そこへお父さんがやって来ました。

ぼく、かみなりゴロリン！

ドンドコドン！

20

保育者はお面を着けて、お父さんになります。

お父さん ゴロリン、しっかり練習をしているかい？

ゴロリン はーい！　鳴らしてみるから見ててね。ドンドンドン！　ドンドコドン！

お父さん もっと力を入れて…。

ゴロリン ドドンガン！　ドドンガドン！

お父さん そうそう！　その調子！

「もっと力を入れて…」

「雨よ降れー！」

お父さん なかなかいいぞ！今度は雨の降らせ方を教えよう。やって見せるよ。ドンガラドドンガ！ザンザカ、雨よ降れー！

ポケットから雨（大）を取り出して振ります。

「ぼくにもできたよー！」

ゴロリン すごーい！　ぼくにもできるかな。

子どもたちに向かって話します。

ゴロリン ねえ、みんなも手伝ってくれるかな？

子どもたちが「いいよ」と言ったら…。

ゴロリン いっしょに言ってね。
ドンガラ、ドドンガ、ザンザカ、雨よ降れー！

何回か繰り返して言い、ゴロリンの手に雨（小）を貼ります。

ゴロリン わーい！　ぼくにもできたよー！

何回か雨（小）を振ったあと、はがします。

21

5

「ピカッ ピカッ！」

お父さん　今度は稲光を教えよう。やって見せるよ。
　　　　　ピカッピカッ！　ピカッピカッ！　稲光ー！

ポケットから稲光を出して振ります。

ゴロリン　わあー！　すごーい！

6

「もっと気合いを入れて！」

ゴロリン　よーし、やってみるよ！　ピカピカ、ピカリーン。
　　　　　あれ？　できないよ！

お父さん　もっと気合いを入れて！

ゴロリン　ピカピカ、ピカリーン、ピカピカ、ピカリーン。

次第に大きな声で言います。

7

「やった！出たよー！」

ゴロリン　うまくできないな。みんなも手伝って！

子どもたちに話しかけて、いっしょに大きな声で言うように促します。

ゴロリンと子どもたち　ピカピカ、ピカリーン、稲光ー！

雲を開いて、稲光を出します。

ゴロリン　わー！　やった！　出たよー！

雲を閉じます。

お誕生会シアター

● カップ麺容器シアター

プレゼント見ーつけた!!

うさぎちゃんを驚かせようと、ぽんぽん大魔王に化けたたぬきくん。そこに現れたのは…。
カップ麺容器を使った楽しいシアターです。

作●山本和子　人形製作●あさいかなえ

型紙 P70

このシアターに使う物

| たぬき | ぽんぽん大魔王のコスチューム | うさぎ | ぽんぽん大魔王 | ジャンボケーキ | 草むら |
| プレゼント | 葉 | コスモス | くり | 魔法のつえ | 冠 |

1

「きょうは うさぎちゃんの お誕生日です」

草むらは2Lのペットボトルに貼って立て、後ろにコスモス、くり、魔法のつえ、冠を置いておきます。

保育者　きょうはうさぎちゃんのお誕生日です。
あっ、友達のたぬきくんがやって来ましたよ。

たぬきにプレゼントを持たせ、右手にはめて登場させます。

たぬき　ぼく、うさぎちゃんへのプレゼントを持って来たんだけど…。
普通に渡すんじゃおもしろくないかな。
そうだ、ちょっと驚かしちゃおうっと。

2

プレゼントを見せながら草むらに隠します。
たぬきの頭に葉っぱを載せ、せりふに合わせて、ぽんぽん大魔王のコスチュームをかぶせます。

たぬき　プレゼントはここに隠して…。
うふふ、魔法使いのぽんぽん大魔王に化けちゃおう。
ぽんぽこ　どろりん！

ぽんぽこ どろりん！

24

3

たぬきのぽんぽん大魔王を草むらの陰に置き、うさぎを左手にはめて登場させます。

うさぎ たぬきくんと待ち合わせをしているんだけど、たぬきくん、いるかなあ？

たぬきのぽんぽん大魔王を草むらの陰から登場させます。

たぬき ぽんぽんぽ～ん！
わたしは魔法使いのぽんぽん大魔王だ～！

うさぎ きゃあ～！

たぬき その草むらにいい物が隠してあるのだ～。
見つけてこないと、魔法でおだんごに変えてしまうぞ！

4

たぬきを舞台に置き、うさぎを草むらの後ろに入れて、コスモスを手にかけて出します。

うさぎ 草むらの中に、いい物があるって、なにかしら…？
あっ、きっとこれね。
きれいなコスモス、見ーつけた‼

たぬき がっくん！
コスモスもいいけど、
もっといい物があるのだ～！

たぬきを傾け、コスモスをうさぎの手から外して草むらにかけます。

5

うさぎを草むらの後ろに入れて、くりを手にかけて出します。

うさぎ あっ、きっといい物はこれだわ！
おいしそうなくり、見ーつけた‼

たぬき がっくん！
くりもいいけど、もっといい物があるのだ～！

たぬきを傾け、くりをうさぎの手から外して草むらにかけます。

6

うさぎを草むらの後ろに入れて、
魔法のつえを手にかけて出します。

> **うさぎ** あっ、きっといい物はこれだわ！
> すてきなつえ、見ーつけた！！

> **たぬき** がっくん！
> つえ…？ つえもいいけど、
> もっといい物があるのだ～！

7

うさぎを草むらの後ろに入れて、たぬきの
プレゼントを手にかけて出します。

> **うさぎ** いい物、見ーつけた！
> すてきな絵！ 描いてくれたの
> は…、きっとたぬきくんだわ！

うさぎを舞台に置き、たぬきを右手にはめます。せりふに
合わせてたぬきのぽんぽん大魔王のコスチュームを外して
から、うさぎを左手にはめます。

> **たぬき** わあい、見つけてくれたんだね。
> ぽわぽわ～ん。おどかして、ごめんね。
> うさぎちゃん、お誕生日おめでとう！

> **うさぎ** たぬきくん、うれしいプレゼント、
> ありがとう！
> でも、このつえなんだけど、
> なにかしら？

> **保育者** うさぎちゃんが
> つえを振ったとたん…
> ぽんぽんぽ～ん！

魔法のつえを振っているようにうさぎを動か
してから、うさぎとたぬきを舞台に置きます。
本物のぽんぽん大魔王をジャンボケーキにか
ぶせて登場させます。

> **ぽんぽん大魔王** わたしは
> ぽんぽん大魔王だ～！

> **たぬき** うわ～、
> 本物のぽんぽん大魔王だ～！
> 化けたりして、ごめんなさい～！

8

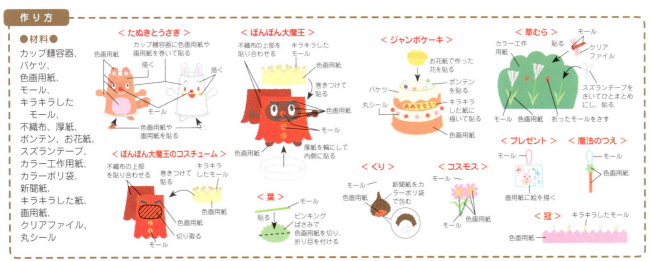

お誕生会シアター

●パネルシアター

森のお誕生会！

お誕生日なのに、寂しそうなきのこちゃん。そこにやって来たのは…。
お誕生日が待ち遠しくなるお話です。

作●山本和子　絵人形イラスト●坂本直子

型紙
P71

このシアターに使う物

きのこ①　きのこ②　きのこ③　どんぐり①　どんぐり②　どんぐり③　冠

葉①　葉②　葉③　メッセージボード

1

（きのこ）きょうは、わたしのお誕生日なの…

寂しいな…

保育者は、きのこ③の上にきのこ②、きのこ①を重ねて、パネルに貼ります。

保育者　森の中に、きのこちゃんが
　　　　立っていました。
　　　　でも、どうしたのかな？
　　　　なんだか寂しそうですよ。

きのこ　きょうは、わたしのお誕生日なの…。
　　　　でも、独りぼっちで寂しいな…。

寂しそうな表情をします。

2

（どんぐり）きょう、お誕生日でしょう？

（きのこ）知っていたの？

保育者　そのとき、
　　　　ころころ ころころ ぽん！
　　　　元気などんぐりちゃんが
　　　　転がってきました。

どんぐり①を転がるように動かして出します。

どんぐり①　きのこちゃん、
　　　　　　きょう、お誕生日でしょう？

きのこ　えっ、どんぐりちゃん、
　　　　知っていたの？

どんぐり①　うん！　今からお祝いをするよ！
　　　　　　見ててね！

3

みんな集まっておいでよー！

みんなが会いに来てくれた！

どんぐり①をきのこの近くに貼ります。

[どんぐり①] おーい、みんな集まっておいでよー！

[保育者] すると、ころころ ころころ ころころ ころころ。
どんぐりたちが集まって来ましたよ！

どんぐり②、どんぐり③を転がるように出して、きのこの周りに貼ります。

[きのこ] わあ！ みんなが会いに来てくれた！

きのこ①を外します。

[保育者] きのこちゃんはとってもうれしそうな顔になりました！

4

木のつるで編んだ冠をプレゼントしました

[どんぐり②] きのこちゃん、ぼくたちからのお誕生日プレゼントだよ。

[どんぐり③] きのこちゃん、お誕生日おめでとう！

[保育者] どんぐりたちはきのこちゃんに、木のつるで編んだ冠をプレゼントしました。

冠を出して、きのこにかぶせるように貼ります。

[きのこ] わあ、どんぐりさんたち、ありがとう！

どんぐりさんたち、ありがとう！

5

| 保育者 | 今度はヒラヒラヒラ〜。あっ！葉っぱさんが飛んできましたよ。 |

葉①をヒラヒラと舞うように動かして、冠に貼ります。

| 葉① | ぼくたちもきのこちゃんをお祝いするよ！ |

6

葉②、葉③を出してヒラヒラと舞うように動かし、冠の上に貼ります。

保育者	葉っぱたちは、飾りのように冠にとまってくれました！
葉③	きのこちゃん、おめでとう！
きのこ	わあ、とってもきれい！葉っぱさんたち、ありがとう！

きのこ②を外します。

| 保育者 | きのこちゃんは、大喜び！にこにこ笑顔になりました！ |

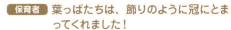

7

(保育者) そして、もっともっとお祝い！
メッセージボードを出します。

(保育者) 森のみんなからのお誕生日プレゼントです！
メッセージボードを貼ります。

8

とっても楽しい
お誕生日になって
よかったですね

森のみなさん、
ありがとう！

(きのこ) わあーい！ こんなにすてきなプレゼントをもらえるなんて！
森のみなさん、ありがとう！

(保育者) きのこちゃん、とっても楽しいお誕生日になって
よかったですね。

9

1、2の、3！
お誕生日おめでとう！

子どもたちに呼びかけます。

(保育者) みんなからも
きのこちゃんに、
お誕生日おめでとう！
って言おうね。
1、2の、3！
お誕生日おめでとう！

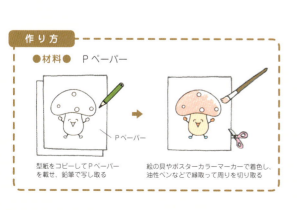

作り方

●材料● Ｐペーパー

型紙をコピーしてＰペーパー
を載せ、鉛筆で写し取る

絵の具やポスターカラーマーカーで着色し、
油性ペンなどで縁取って周りを切り取る

おしまい

お誕生会シアター
●ペープサート

ほかほかあったか誕生会

誕生日プレゼントにボールをもらったきつねくん。外で元気に遊びます。
でも、なんだか普通のボールじゃないみたい…。

作●浅野ななみ　絵人形イラスト●くるみれな（まーぶる）

型紙
P72

このシアターに使う物
- きつね（表）（裏）
- うさぎ（表）（裏）
- プレゼント／ボール（表）（裏）
- たぬき（表）（裏）
- クラッカー①
- クラッカー②
- 油粘土（3個）

1

「きつねくーん、お外で遊ぼうよ！」

油粘土を3個出しておきます。きつね（表）を登場させます。

保育者　きつねくんは、とっても寒がりです。

きつね　おうちの中はあったかくていいね。

うさぎ（表）を登場させます。

うさぎ　きつねくーん、お外で遊ぼうよ！

きつね　外は寒いよ、ブルブルブル。
　　　　おうちの中で遊ぼうよ。

きつね（表）が震えているように、小刻みに動かします。

保育者　うさぎちゃんはきつねくんのおうちに入りました。

うさぎ（表）を反転させて（裏）にし、粘土にさします。

「外は寒いよ、ブルブルブル」

32

2

保育者 そこに、荷物が届きました。

プレゼント（表）を出します。
きつね（表）を反転させて（裏）にします。

きつね 誰からかな？
あっ、たぬきくんからだ！
なにが入っているのかな？
開けてみよう。

3

プレゼント（表）を反転させてボール（裏）にし、
粘土にさします。

きつね わあ、きれいなボールだ！
うさぎ すてきねー！
外に行ってサッカーをしましょう。
きつね えー！ 外は寒いよー。
うさぎ 大丈夫、大丈夫！ さあ、行きましょう！

4

きつね（裏）を粘土にさして、うさぎ（表）とボール（裏）を持ち、
蹴っているように動かします。

うさぎ そーれ！ キーック！ ポーンポーンポーンポーン。

うさぎ（表）を粘土にさします。
ボール（裏）を持ち替えて、きつね（裏）を出して持ちます。

きつね わあ！ すごく弾む！ ポーンポーンポーン。
ふうー、追いつかないよー。

保育者 きつねくんとうさぎちゃんは、
元気に弾むボールを追いかけて走り回りました。

33

5

保育者 そのうちに、ボールを蹴ると不思議な音が聞こえてきました。
「ポーンポーン、オットット」
「ポーンポーン、イタタタタ」

ボール（裏）を弾ませながら、ときどき震わせます。

きつね あれ？ 変な音が聞こえたよ。なにかな？

6

ボール（裏）を置き、
たぬき（表）を出します。

たぬき あー、もうだめだー！
目が回るー！

たぬき（表）を粘土にさします。

きつねとうさぎ ひゃー！

きつね（裏）とうさぎ（表）を持ち、
跳び上がるように動かします。

きつね このボールは、
たぬきくんが
変身していたのかー！

7

きつね（裏）を反転させて（表）に、うさぎ（表）を（裏）にして粘土にさし、たぬき（表）を抜いて（裏）にします。

> たぬき　ふ――う！　びっくりさせちゃったね。きょうはきつねくんの誕生日でしょ。プレゼントは元気の出る物がいいと思ってね。

> きつね　そうだったのか！　ありがとう。たぬきくんのこと、投げたり蹴ったりしてごめんね。

> たぬき　いいんだよ！

> きつね　でも、たぬきくんのボールで遊んでいたらあったかくなってきたよ。

8

> うさぎ　わたしからもプレゼントがあるの。
> きつね　えー！　うさぎちゃんも？　なにかな？
> うさぎ　誕生日の歌をプレゼントするわ。
> 　　　　♪たんたん　すてきな　たんじょうび
> 　　　　　ほかほか　あったか　たんじょうび
> 　　　　　きつねくん　おめでとう

自由なリズムでうたいながら、うさぎ（裏）とたぬき（裏）の手にクラッカー①②をさしこみます。きつね（表）を中央にして、うさぎ（裏）、たぬき（裏）といっしょに持ちます。

> たぬきとうさぎ　きつねくん、お誕生日おめでとう！
> きつね　わーい！　ありがとう！
> 保育者　ほかほかあったかい、すてきな誕生日になりました。

おしまい

作り方

● 材料 ● 画用紙、割り箸

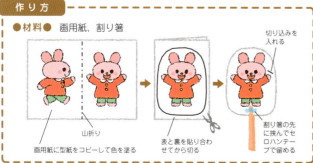

お誕生会シアター

●毛糸のポンポンシアター

ポンポンクイズでお誕生日!

ひとつ大きくなったねずみくん。ポンポンを同じ色の穴に入れられるかな？
子どもたちとのやりとりを楽しめるシアターです。

作・人形製作●あかまあきこ

型紙
P73

1

テーブルの上に、家と魔法使いを置いておきます。
ねずみを登場させます。

| ねずみ | らんらん！
あ、魔法使いのおばあさんだ、こんにちは！ |
| 魔法使い | こんにちは。
おや、なんだかうれしそうじゃね。 |
| ねずみ | うん！　だって、きょうはぼくの誕生日なんだよ。 |

きょうはぼくの誕生日なんだよ

36

2

|魔法使い| ほほう、ひとつ大きくなったんじゃね。
それなら、これはできるかな？

|ねずみ| なあに？

|魔法使い| まずは、色の名前当てクイズじゃよ。

ポンポンの入った箱を出し、ポンポンをひとつ出します。

|ねずみ| えーと、それは…、赤色！

|魔法使い| ピンポーン！　当たりじゃ。じゃあ次は…

ポンポンをひとつずつ出して、当てっこをします。
（ねずみがわからないふりをし、子どもたちに
「ねえ、教えて！」と話しかけてもよいでしょう。）

3

|魔法使い| 今度は、ポンポンを同じ色の穴に
入れられるかな？

|ねずみ| 簡単さ！　えーと、青色は…ここ！

|魔法使い| 当たりじゃ！

他の色もひとつずつ繰り返して、
ポンポン2〜3個を穴の中に入れます。

4

ポンポンを穴に入れるのをやめ、ねずみを傾けます。

|ねずみ| ああ、もうぼく疲れちゃった…。
ねえ、○月生まれのお友達、手伝ってくれる？

|魔法使い| （子どもたちに向かって）できる子はいるかな？

37

5

誕生児に前に出てきてもらい、
魔法使いとやりとりしながら
ポンポンを穴に入れていきます。

魔法使い みんな、ポンポンを同じ色の
穴に入れるんじゃ。
どこかわかるかな？

子どもが、入れることができたら…

ねずみ ○○ちゃん（くん）、すごい！

6

同じように繰り返して、全てのポンポンを穴に入れ終わったら…。

ねずみ 全部できたね！ みんなありがとう。

魔法使い ほほう、全部できるとは、さすがじゃ。
それではわしからお誕生日のお祝いじゃ。
呪文は「ハッピーハッピーバースデー！」じゃ。
みんなでいっしょに唱えるぞ。1、2の3！

7

ハッピーハッピー
バースデー！

子どもたち ハッピーハッピーバースデー！

呪文を唱えたら、あらかじめ入れておいた
おめでとうのポンポンを煙突から取り出します。

お誕生日、
おめでとう！

8

魔法使い お誕生日、おめでとう！
ねずみ わあ、すごい！
ありがとう。
魔法使い それじゃあ今度は、
みんなでお誕生日のお友達に
お祝いを言うのじゃ。
せーの！
子どもたち お誕生日、おめでとう！

おしまい

作り方

●材料● 色画用紙、毛糸、ひも、カラー工作紙、空き箱、牛乳パック、紙コップ

> お誕生会シアター

● 紙コップシアター

雪の中にかくれんぼう

雪の中にかくれているのはなあに？
子どもたちに尋ねて、やりとりを楽しみながら演じるシアターです。

作● kit-chen（小沢かづと、iku、鈴木 翼）　人形製作● やのちひろ

型紙
P74

このシアターに使う物

| 雪 | うさぎ | くま | ひつじ（中にいぬ） | 花束 |

1

「けさは雪がたくさん積もりました」

雪を机の上に置き、その後ろにうさぎとくまを置きます。

保育者　けさは雪がたくさん積もりました。
おやおや！
誰かが雪の中でかくれんぼうしているみたい！
みんなで探しに行きましょう。

2

♪みつけて　みつけて　かくれんぼう
♪ゆきの　なかに　かくれんぼう

チラッ

チラッ

雪を持って上げ下げしながら、うさぎやくまを少し見せます。雪（文部省唱歌）の後半部分のメロディーに合わせてうたいます。

保育者　♪みつけて　みつけて　かくれんぼう
　　　　　ゆきの　なかに　かくれんぼう

なにが隠れているか当ててみましょう！

子どもたちに尋ねてやりとりを楽しみながら、隠れている動物を答えてもらいます。

3

「うさぎさんと
くまさんでした」

子どもたちが「うさぎさん」「くまさん」と答えたら、
隠れていた動物を見せます。

保育者 そうです！　かくれんぼうしていたのは、
　　　　うさぎさんとくまさんでした。

くまやうさぎの他にも、園にある物を隠して、
繰り返し演じてみましょう。

4

雪を元に戻し、ひつじを後ろに隠します。
2と同様にうたいながら、雪を上げたり下げたりします。

保育者 ♪みつけて　みつけて　かくれんぼう
　　　　　ゆきの　なかに　かくれんぼう

　　　　あれ？　まだ誰かいるみたい。誰かな？
　　　　白くてフワフワしてるよ。

子どもたちに尋ねて、やりとりを楽しみましょう。

「あれ？
まだ誰か
いるみたい」

5

「ひつじさんだ！」

「ワンワン！」

「いぬのような
鳴き声だわ」

子どもたちが「ひつじさん」と答えたら…。

保育者 本当だ！　ひつじさんだ！

いぬ ワン！　ワンワン！

ひつじを持って、鳴いているように動かします。

保育者 あれれ？　ひつじさんなのに
　　　　なんだかいぬのような鳴き声だわ。

41

6

いぬにかぶせていた紙コップを外します。

保育者 あれ？ いぬくんだ！
なーんだ、いぬくんが
雪をかぶっていたんだね！

いぬくんが
雪をかぶって
いたんだね！

7

なになに…

いぬ ごにょごにょ…。

保育者 いぬくんがなんだかモジモジして
いるよ。なにかお話ししたいみたい。

いぬに耳を近づけます。

ごにょごにょ…

保育者 なになに…。どうしたの？
お話ししてみて。…えー！ みんな聞いて！
きょう、いぬくんのお誕生日なんだって。

うさぎとくまを出します。

うさぎとくま いぬくん、きょうがお誕生日だって
知ってたよ！

花束を出して、いぬくんにかぶせます。

うさぎとくま いぬくん、お誕生日おめでとう！

いぬ わーい！ ありがとう！ とってもうれしいよ。

保育者 いぬくん、すてきなお誕生日になって
よかったね。

おしまい

いぬくん、
すてきなお誕生日になって
よかったね

作り方

● 材料 ● 牛乳パック、綿、紙コップ、
色画用紙、画用紙

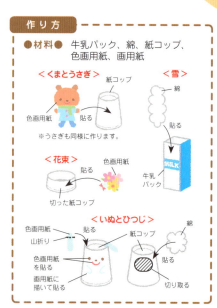

ありがとう！

おめでとう！

おめでとう！

ビックリ楽しい！お誕生会マジック

1・2・3マジック

マジックシアター

マジックは子どもたちに大人気。
「1・2・3！」(ワン・ツー・スリー)のスリーステップでできる簡単マジックと、
マジックを盛り込んだシアターを紹介します。

1・2・3マジック

びっくりカップ

コップに筒をかぶせると、あら不思議！
宝物の登場です！

案・指導●藤原邦恭

用意する物

プラスチックコップ（2つ）、色画用紙、おもちゃのいちごなど

●準備● 2つのプラスチックコップのうち1つは、飲み口の部分を切った状態にし、いちごなどの「宝物」を入れておきます。色画用紙は、プラスチックコップが十分隠れるくらいの高さの筒状にしておきます。

ワン！ 1

「ここに、コップと赤い筒があります」

片手に色画用紙の筒と口を切っていちごを入れたプラスチックコップ、もう一方の手に口を切っていないプラスチックコップを持ち、子どもたちに見せます。

ツー！ 2

「この赤い筒をかぶせると…」

ちちんぷいぷい

赤い筒を、プラスチックコップにかぶせます。このとき、筒といっしょに持った、口を切ったプラスチックコップがスムーズに重なるように気をつけます。誕生児におまじないを唱えてもらいます。

スリー!! 3

宝物が出ました！

パッ

プラスチックコップ同士が完全に重なったら、赤い筒のみを上に持ち上げ、宝物が入ったコップを登場させます。

バリエーション

黄色い物なにかな？

筒の色を、カラフルにチェンジ！

慣れてきたら、プラスチックコップにかぶせる筒の色を変えてみましょう。緑色ならキウイフルーツ、黄色ならレモンなど、筒の色から連想される物を中に入れて、「黄色い物、なにかな？」などと、子どもたちに問いかけながら演じてもよいでしょう。中に入れる物は自由です。年齢や、季節、場面によって、いろいろ変えて楽しみましょう。

1・2・3 マジック

ウキウキ紙コップ

おまじないをかけると、なんと、普通の紙コップが浮き上がります！

案・指導●藤原邦恭

用意する物
紙コップ（大きめのサイズ）

ワン！ 1

ここに、紙コップがあります

紙コップを手のひらに載せ、子どもたちに見せます。

ツー！ 2

紙コップにおまじないをかけます

紙コップを両手で持って、おまじないをかけている間に、裏に開けた穴に親指を入れます。

スリー!! 3

紙コップが浮きました！

両手を大きく開いて、紙コップがフワフワと浮いているように見せましょう。

キャラクターを入れてストーリー仕立てに

紙コップの中に、小さいぬいぐるみなどを入れて、お話や季節感を演出してもよいでしょう。

作り方

紙コップ／ペンなどをさして穴を開ける／底から3〜4cm

1・2・3 マジック

魔法の折り紙

折り紙を広げると、あら不思議！
きれいなチューリップが咲きました！

案・指導●藤原邦恭

用意する物
折り紙

ワン！ 1

折り紙を持って見せ、「ここに折り紙があります。これを半分に折ります」と演じます。

ツー！ 2
「ちちんぷいぷい！」

「ちちんぷいぷい、ちちんぷいぷい！ なにが起こるかな？」とおまじないをかけ、子どもたちに問いかけます。

スリー!! 3
「チューリップが咲きました！」

折り紙を開きます。「あら不思議！ きれいなチューリップが咲きました！」と少しオーバーに演じましょう。

作り方

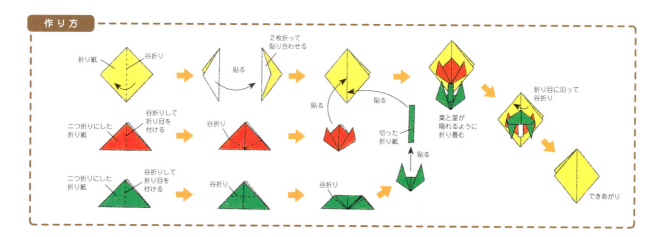

不思議な動物さん

画用紙に描かれたぞうさんが、
あっと言う間にかえるさんに変身です！

案・指導●藤原邦恭　マジックアイテムのイラスト●みさきゆい

用意する物／作り方

画用紙に絵を描いて、以下のように折ります。

型紙 P75

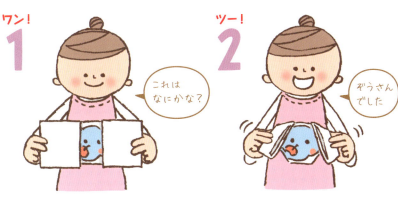

1 ワン！
画用紙の両端を持ち、子どもたちに問いかけます。
「これはなにかな？」

2 ツー！
画用紙の両端を手前に折り、パタパタとさせます。「そうです。長い鼻に大きな耳のぞうさんでした！」と演じます。
「ぞうさんでした」

3 スリー！！
画用紙の両端を引っ張るように、スピーディーに開きます。「このぞうさんが…なんと、かえるさんに変身しました！」と、少しオーバーに演じましょう。
「変身しました！」

絵柄を増やしてみよう！

A3サイズの画用紙を3等分にして、わに、ぞう、かえるの絵を描きます。最初は表裏がぞうとかえるの絵になるように三つ折りして、1～3まで同様に演じます。慣れてきたら、表裏がぞうとわにになるように三つ折りして演じると、今度はかえるではなく、わにに変化するため、驚きが増します。

1・2・3マジック

ロープで飛び出す飾り

不思議なロープを結ぶと、
飾りが飛び出します！

案・指導●藤原邦恭

用意する物

綿ロープ、色画用紙、コインなどの重り

●準備● 3.5〜4㎝角に切った色画用紙を、作り方の図のように貼り合わせ、一番下の飾りにだけ重りを入れておきます。飾りの長さは、使いやすいように自由に調整しましょう。つなげたあと、じゃばらに折って畳んでおきます。

型紙 P75

1 ワン！ ここにロープがあります
一番上になる切り抜いた色画用紙に綿ロープを通し、折り畳んだ状態で右手に握ります。そのまま、ロープを二つ折りにして、子どもたちに見せます。

2 ツー！ ロープを結ぶと…
飾りを右手に隠したまま、綿ロープで結び目を作り、子どもたちに見せます。この時、右手はあまり動かさないで、主に左手を使って結び目を作ります。

3 スリー!! 飾りが出た！
ロープの端をしっかり持ったまま、握った手を緩め、ゆっくり綿ロープを左右に引き、それと同時に飾りを下に落とします。

演じるこつ

★飾りは、折り畳んだとき、コインの入った飾りが手前にくるように握ります。

★ロープはあまり強く結ばず、優しく引っ張ります。

作り方

1・2・3マジック

飛び出す魚さん

コップの中には、スポンジのお魚。
元気に外に飛び出します！

案・指導●藤原邦恭

用意する物

発泡スチロール、透明のコップ

●準備● 発泡スチロールを魚形に切り、絵の具などで色付けします。コップは、ガラスやアクリル製で口幅が開いていない、まっすぐな物が望ましいです。

ワン！ 1
コップと魚を手に持ち、子どもたちに見せます。

「ここに、魚とコップがあります」

ツー！ 2
コップに魚を入れ、おまじないを唱えます。「このコップにおまじないをかけます」と演じます。

「ちちんぷいぷい…」

スリー!! 3
コップの斜め上から息を吹きかけると、魚が飛び出します。このとき、コップの後ろから、上の飲み口の方へ息を吹きかけるようにするのがこつです。

お魚が飛び出した！

魚以外でもOK！

コップの中に入れるのは、素材が発泡スチロールならば、魚以外の物でもOK。季節に合わせて変えてみましょう。また、ピンポン玉に絵を描いて同様に行っても、勢いよく飛び出します。ただし、ピンポン玉は発泡スチロールより重いので、強めに息を吹きかけるようにしましょう。

1・2・3マジック

不思議な黒い紙

あらびっくり！
黒い紙からぶどうが飛び出します！

案・指導●藤原邦恭

用意する物
黒の色画用紙、封筒、ぶどうなどのモチーフ（立体的な物）

ワン！ 1
「ここに黒い紙があります」
黒い紙の背面に封筒を貼り付け、立体的なぶどうなどのモチーフを入れた状態で、子どもたちに見せます。

ツー！ 2
「ちちんぷいぷい…」
あらかじめ付けておいた折り目に沿って紙を畳み、軽く丸めます。おまじないの言葉を言い、子どもたちの期待を高めましょう。

スリー！！ 3
「ぶどうが飛び出した！」
丸めた手を緩めながら紙を傾けると、封筒に入れておいたモチーフが飛び出します。

バリエーション

封筒の中を紙ふぶきにしても盛り上がります。

作り方

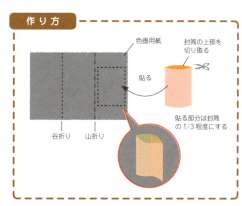

色画用紙／封筒の上部を切り取る／貼る／谷折り／山折り／貼る部分は封筒の1/3程度にする

1・2・3 マジック

魔法の箱

魔法の箱に絵カードをセットすると、なんとびっくり！
本物のオレンジに！？

案・指導●藤原邦恭

用意する物
箱、オレンジ（箱に入る大きさ）、オレンジを描いた絵カード（色画用紙や厚紙で製作）

ワン！ 1

「ここに魔法の箱とオレンジのカードがあります」

オレンジを隠し入れた箱と絵カードをいっしょに持って登場します。

ツー！ 2

「オレンジのカードをここに入れると…」

箱の中に絵カードを入れながら、そのまま手のひらに載せます。

スリー！！ 3

「本物のオレンジに！」

あらかじめ入れておいたオレンジを箱の中から出します。「絵が本物のオレンジになって出てきました！」と盛り上げます。

演じるこつ

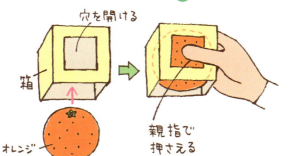

箱の後ろに穴を開けておき、中に入れたオレンジが下に落ちないように、押さえながら手で持つのがポイント。
また、絵カードも箱の一辺と同じサイズにし、カードを入れても下へ落ちないようにしましょう。

51

1・2・3マジック
クルクルこま

不思議、不思議！ なにもしていないのに、こまの絵がクルクル回ります。

案・指導●藤原邦恭

用意する物
カード（厚紙にこまの絵を描く）、綿ロープ、洗濯ばさみ

ワン！ 1

綿ロープとこまのカードを、洗濯ばさみで挟んで留めます。カードのこまが下向きになるようにして、子どもたちに見せます。

ツー！ 2

綿ロープの端を、指でゆっくり左右同じ方向にねじりながらカードを上向きにしていきます。このとき、ゆっくり動かすことで指が動いているのをうまくカモフラージュします。

スリー!! 3

カードが上向きになったら、「こまがクルクル回るよ～」などと言いながら、左右に動かして盛り上げましょう。

こまがクルクル回るよ～

動物のカードで！

カードを2枚にしても！

カードを動物の絵柄にして、ひもを中心にクルクルと回しても楽しいです。また、カードを2枚にして、左右交互に起き上がらせたり、同時に起き上がらせたりしても、びっくり度がアップします。

1・2・3マジック

不思議な雪だるま

**まるい卵が、おにぎりや雪だるまに早変わり！
子どもたちの目もくぎづけです。**

案・指導●藤原邦恭

用意する物
画用紙、色画用紙

型紙
P73

ワン！
1

ひよこの部分を表にして見せます。「卵からひよこさんが顔を出しています。これが変身しますよ！」と演じます。

ツー！
2

おにぎりに変わりました

ひよこの頭を子ども側にすばやく折ります。「あれれ！ 大きなおにぎりに変わりました」と言い、「さらに…変身します」と続けます。

スリー!!
3
雪だるまに変わった！

上下に勢いよく引っ張り、雪だるまにします。「なんとなんと…、雪だるまに変わりました！」と盛り上げます。

作り方

画用紙に絵を描き色画用紙などを貼って、図のように3か所折る。

裏に貼る
黒い紙
谷折り
山折り

演じるこつ

絵が変わる瞬間を、すばやく行うのがポイント。3の雪だるまの裏に、「おたんじょうびおめでとう」などメッセージを書き、最後に裏返して見せても盛り上がります。

マジックシアター ●スポンジシアター

ぞうくんのおやつ

つぎつぎに出てくるコップの中身はなにかな？
子どもたちと当てっこしながら盛り上がりましょう。

作・人形製作●あかまあきこ

型紙 P76

このシアターに使う物

| うさぎ | ぞう | さくらんぼ | バナナ | メロン | 透明のプラスチックのコップ（3個） | 紙皿（2枚） |

1

「ぞうくん 遊ぼう！」

うさぎを持って登場します。

うさぎ わあ〜い！　雨がやんだわ。
そうだ、ぞうくんの所に遊びに
行こうっと。

うさぎを歩いているように動かしてから、
ぞうを出します。

うさぎ ぞうくん、遊ぼう！

ぞう やあ、うさぎちゃん。
ぼく、これから
おやつの時間なんだ。

2

「おやつはこれだよ！」

うさぎ まあ、そうなの。
それでおやつはなあに？

コップに入れたさくらんぼを出します。

ぞう おやつはこれだよ！

うさぎ わかった！　ジュースね。
ピンク色だから…、えーと、
いちごジュースかな？
ねえ、みんなは、
なにジュースだと思う？

子どもたちに尋ねながら、
やりとりを楽しみます。

ぞう ぼくのおやつはこれさ！

スポンジをつまんでさくらんぼを出し、
形を整えてから見せます。

うさぎ わあ！　さくらんぼだったのね。

紙皿を出して、
さくらんぼを載せます。

「さくらんぼ だったのね」

3

ぞう まだあるよ。

コップに詰めたバナナを出します。

うさぎ 今度こそジュースね！
黄色いから、えーと、
レモンジュースかな？
みんなも考えてみて！

子どもたちに尋ねながら、やりとりを楽しみます。

ぞう 今度はこれさ！

スポンジをつまんでバナナを出し、形を整えてから見せます。

うさぎ あらら！　バナナだったのね。

バナナを紙皿に載せます。

4

ぞう まだまだあるよ。

コップに詰めたメロンを出します。

うさぎ ジュースに見えるけど、
きっと違うわね。
うーん…。
みんなはなんだと思う？

子どもたちに尋ねながら、
やりとりを楽しみます。

ぞう これはね…。

スポンジをつまんでメロンを出し、形を整えてから見せます。

うさぎ わあー、大きなメロン！

紙皿をもう1枚出して、メロンを載せます。

5

見やすいように、紙皿を少し起こして持ちます。

ぞう これがきょうのぼくのおやつさ！

うさぎ すごーい、たくさんあるのね。

ぞう うさぎちゃんもいっしょに食べようよ。

うさぎ うん！　ありがとう！

ぞう・うさぎ いただきまーす！

おしまい

作り方

●材料● 台所用スポンジ、色画用紙、
乳酸菌飲料の空き容器、モール、フェルト

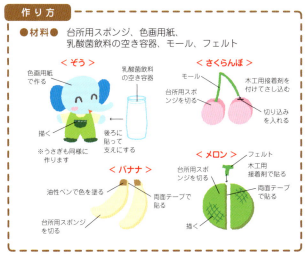

55

マジックシアター

●めくり絵シアター

びっくりブーケでおめでとう!

むしさんたちがお花を持ってお祝いに登場!
おまじないをかけると不思議なことが…。

作●藤原邦恭　イラスト●YUU

型紙
P74

このシアターに使う物

カード①（表・白地）（裏）　カード②（表）（裏）　カード③（表）（裏）　花束

※カードの並べ方は、P56の作り方をご覧ください。

1

3枚のカードを手に持って、子どもたちに見せます。

保育者 ここに、3枚のカードがあります。

3枚の
カードが
あります

作り方

●材料● 厚紙、造花の花束など

子どもたちから見て、カード①、②、③の順に重ねます。

子どもたちから見ると…
カード③
カード②
カード①

型紙をコピーして色を塗り、厚紙に貼る
他の絵柄のあるカードも同様に作る

厚紙の両端を折って厚紙に貼り、花束を入れるホルダーを作る

保育者から見ると…

2

後ろから2番目のカード②を下から引き抜き、(裏)のてんとうむしの絵を見せるように返して一番手前に重ねます。

保育者 ジャーン！　てんとうむしさんが、お花を持ってお誕生日のお祝いに来てくれました！

てんとうむし おめでとう！

POINT カードは、上に引き抜くようなイメージで引くと、きれいに演じられます。

失敗例 カードを下に引きすぎると、(表)の絵柄が見えてしまいます。

3

保育者 次は…。

後ろから2番目のカード①を同様に引き抜いて子どもたちに見せ、一番手前に重ねます。

保育者 ちょうちょうさんです！

ちょうちょう みんな、おめでとう！わたしからもお花のプレゼントよ！

POINT カード①と②の2枚を交互に出すことで、3枚のカードがあるように見せます。カード③は、動かすことなく、最後まで一番後ろに持っています。

4

保育者 そして…。
後ろから2番目のカード②を同様に引き抜いて子どもたちに見せ、一番手前に重ねます。

保育者 はちさんも来てくれました！

はち お祝いに来たよ！　おめでとう！

3枚のカードをずらして持ち、子どもたちに同時に見せます。

保育者 ではここで、お誕生日の子におまじないをかけてもらいます。

カードをそろえて持ち直します。

保育者 おまじないは、「ちちんぷいぷい」ですよ。せーの！

子どもたち ちちんぷいぷい！

5

カードの上を右手で持ち、
左手で一番後ろのカード③の裏から、
花束を出します。

保育者 ジャーン！　みんなのおまじないで、
きれいな花束が出てきました！
みんな、お誕生日おめでとう！

お誕生日
おめでとう！

おしまい

マジックシアター

●牛乳パックシアター

お花が咲いたよ！

種をまいて水をかけると…どんな花が咲くのかな？
わくわくドキドキが楽しいシアターです。

作・製作●いしかわ☆まりこ

型紙
P76〜77

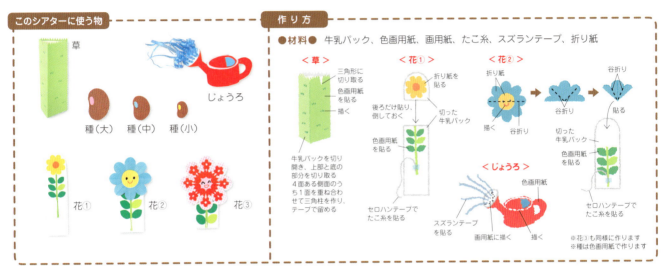

保育者はポケットに
種（大・中・小）を入れ、草を持って登場します。

保育者 これはなにかな？

草を持ってのぞきます。

保育者 望遠鏡かな？

子どもたちに見えないように、草の中に花①を入れます。

59

2

「お花を咲かせるにはどうしたらよいと思う？」

保育者 よく見たら望遠鏡じゃなくて、草でしたね。
ここにきれいなお花を咲かせたいな！
花を咲かせるにはどうしたらよいと思う？

子どもたちに尋ねます。子どもたちが「種をまく」と答えたら…。

保育者 そうだね！　では、種をまいてみましょう！
お水もたくさんあげましょう。

草に種（小）を入れ、じょうろを持って水をまくまねをします。

保育者 きれいなお花が咲くように、先生がおまじないをかけます。
ちちんぷいぷいのぷい！

「ちちんぷいぷいのぷい！」

3

花に貼ってあるたこ糸をゆっくり引っ張ります。

保育者 にょきにょき…！　芽が出てきましたよ。

後ろに畳んである花を立たせます。

保育者 ジャーン！　小さくてかわいいお花が咲きました。

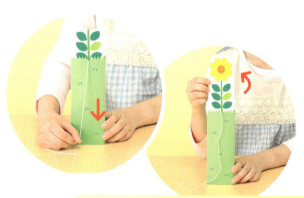

4

子どもたちに見えないように、台の下などで、花①を取り出し、花②を入れます。

保育者 さっきより大きな種をまいてみよう！
どんなお花が咲くかな？

2と同様に、種（中）を入れて水をまくまねをします。
たこ糸をゆっくり引っ張って、お花を広げます。

保育者 うわあー！
さっきより大きなお花が咲いたね！

「かわいいお花が咲きました」

5

「あれれ？」

4と同様に花②を取り出し、
花③を入れます。

保育者 もっと大きな種を見つけたよ。
まいてみよう！

2と同様に、種（大）を入れて
水をまくまねをします。
たこ糸をゆっくり引っ張り、
途中で止めます。

保育者 あれれ？
芽が出たのに
なかなか咲かないね…。
どうしたのかな？

6

保育者 みんなで応援したら、咲くかもしれないね！
大きな花が咲くように、みんなで応援してみよう。
せーの！

子どもたち お花さん、咲いてー！

畳んであるお花を広げます。

保育者 うわ、すごい！　みんなが応援してくれたから、
こんなに大きなお花が咲きましたよ。
きれいだね。

「こんなに大きな
お花が
咲きましたよ」

おしまい

61

●めくり絵シアター

でるでる絵本

真っ白な絵本から、おいしそうなおやつが出てくる、
不思議で楽しいマジックのシアターです。

作●浅野ななみ　製作●くるみれな（まーぷる）

型紙
P78
～79

このシアターに使う物
でるでる絵本

1

とっても不思議な、
でるでる絵本

保育者は、でるでる絵本を持って子どもたちに見せます。

保育者 ここにあるのは、
とっても不思議な、でるでる絵本。

2

保育者は、絵本のページを
パラパラとめくって、子ども
たちに白いページを見せます。

保育者 なにも描いて
ありませんね。

なにも描いて
ありませんね

①のインデックス（作り方参照）
を押さえてパラパラとめくります。

3

保育者 では、お誕生日の○○ちゃんに聞いてみましょう。
キャンディーとアイスクリームとドーナツ。
おやつに食べたいのはどれかな？
大きな声で言ってね。1、2、3！

子ども ドーナツ！

保育者は、ドーナツのページをめくります。

保育者 わあ！ ○○ちゃんの魔法で、ドーナツが出てきましたよ！ 拍手〜！

②のインデックスを押さえて絵本を開きます。その他のページもそれぞれのインデックスを押さえて開きます。

4

誕生児の答えに合わせてページをめくります。

保育者 今度は、△△ちゃんに聞いてみましょう。
キャンディーとアイスクリームとドーナツ。
おやつに食べたいのはどれかな？
大きな声で言ってね。1、2、3！

子ども キャンディー！

保育者は、キャンディーのページをめくります。

保育者 わあ！ △△ちゃんの魔法で、
キャンディーが出てきました！ 拍手〜！

誕生児に、順に魔法をかけてもらいます。

5

ハッピーバースデー！

保育者 じゃあ今度は先生が、お誕生日の子たちに大きなケーキをプレゼントします。見ててね。1、2、3、ハッピーバースデー！

保育者は、白いページをめくります。

保育者 …あれ、出てこないなあ。

…あれ

お誕生日、おめでとう！

6

保育者 大きなケーキは、先生1人じゃ無理みたい。（子どもたちに向かって）みんなも手伝ってくれるかな？さあ、いっしょに！ 1、2、3！ハッピーバースデー！

保育者は、ケーキのページをめくります。

保育者 わーい！ 大成功！みんな、お誕生日、おめでとう！

おしまい

大成功！

作り方

●材料● 画用紙、クリップ　　　インデックスをつけた紙を、下記の枚数分作ります。

① <白いページ>

左図の場所にインデックスを型どった、白紙の紙×4枚

② <ドーナツ>

左図の場所にインデックスを型どった、ドーナツの絵が描いてある紙×1枚

③ <キャンディー>

左図の場所にインデックスを型どった、キャンディーの絵が描いてある紙×1枚

④ <アイスクリーム>
左図の場所にインデックスを型どった、アイスクリームの絵が描いてある紙×1枚

⑤ <ケーキ>

書く　貼る　貼る
四角く折った画用紙

左図の場所にインデックスを型どり、飛び出すケーキが貼ってある紙×1組

インデックスのない紙と合わせて1組にする

表紙　裏表紙
 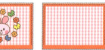
表紙と裏表紙はインデックスをつけずに1枚ずつ作る

裏表紙
表紙
クリップ
「表紙、①、②、①、③、①、④、①、⑤、裏表紙」の順に並べて、下部を2か所クリップで留める

64

コピー用型紙集

このマークが付いているシアター＆マジックの型紙コーナーです。
必要な大きさにコピーしてご利用ください。

ハッピーバースデーの贈り物

うさぎ

くま

宇宙人

ろうそく

※ろうそくは同じ型で誕生児の年齢に応じた数を作ってください。

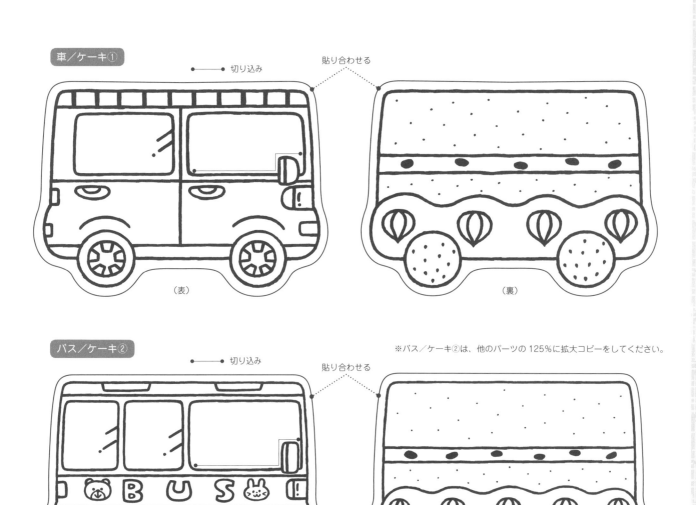

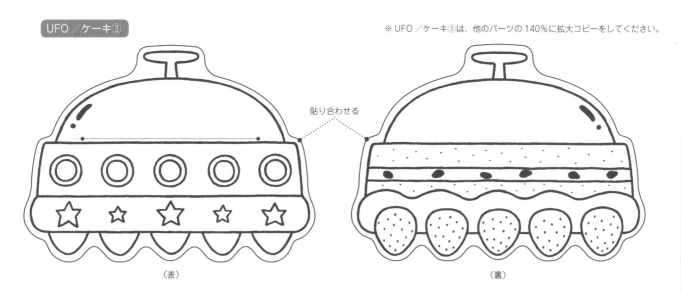

P10〜13　ひとつ大きくなったね

うさぎ

(表)　貼り合わせる　(裏)　-・-・- 山折り

ねずみ

お日様

きつね　　　　　　　　（表）　　　　貼り合わせる　　　　（裏）　　　　－・－・－・－・－　山折り

こねずみ　　　　　　（表）　　　貼り合わせる　　　（裏）

茂みの入り口

茂み

このページが下まで見えるまで開くときれいにニョキっとすることができます。

68

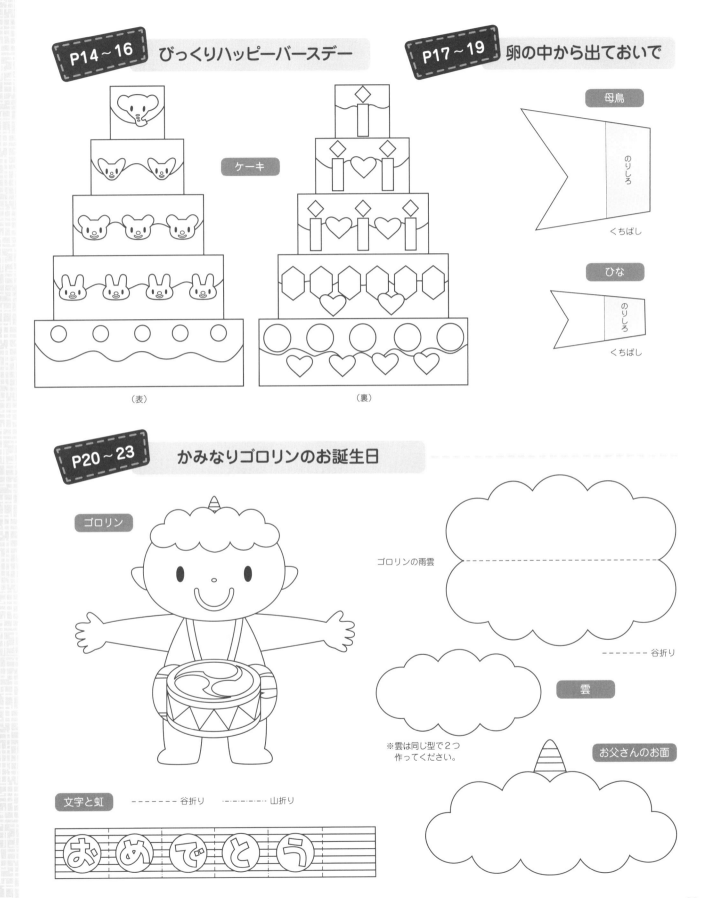

プレゼント見ーつけた！！

※冠、ジャンボケーキはお使いの空き容器の大きさに合わせて、長さを調節してください。

このメッセージが見えるまで開くときれいにコピーすることができます。

ほかほかあったか誕生会

・——・ 切り込み
・—・—・ 山折り

 きつね

 クラッカー①
 クラッカー②

（表）　貼り合わせる　（裏）

うさぎ

（表）　貼り合わせる　（裏）

プレゼント／ボール

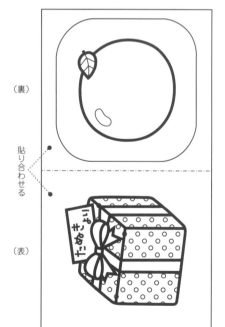
（裏）
貼り合わせる
（表）

たぬき

（表）　貼り合わせる　（裏）

このメッセージが見えるまで開くときれいにコピーすることができます。

P36〜39　ポンポンクイズでお誕生日！

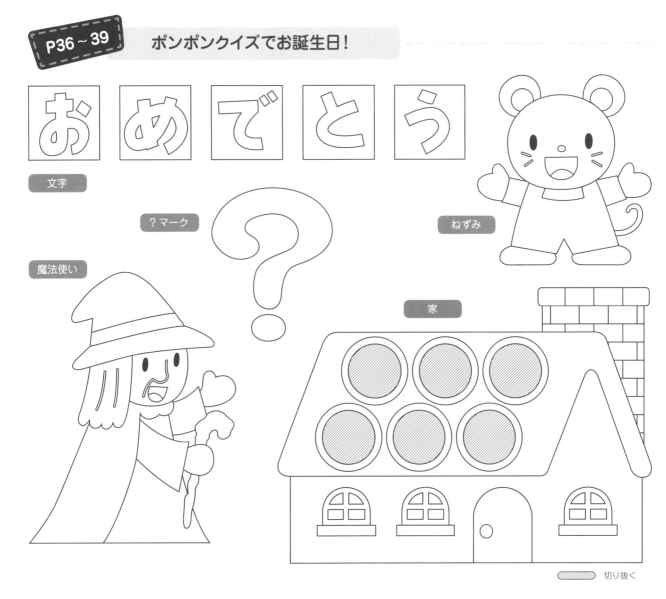

P53　不思議な雪だるま

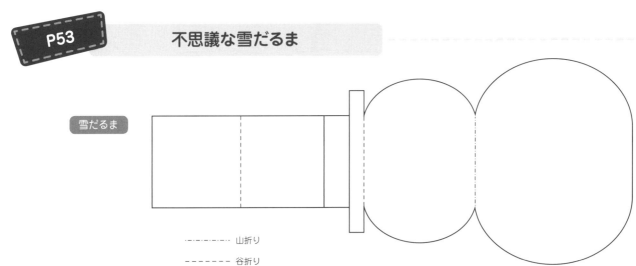

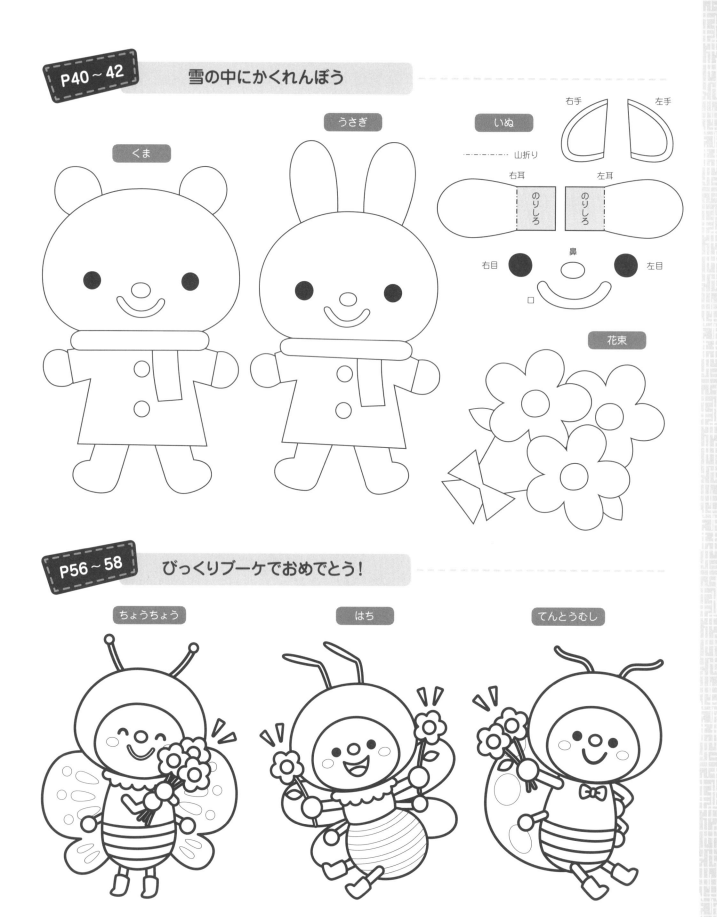

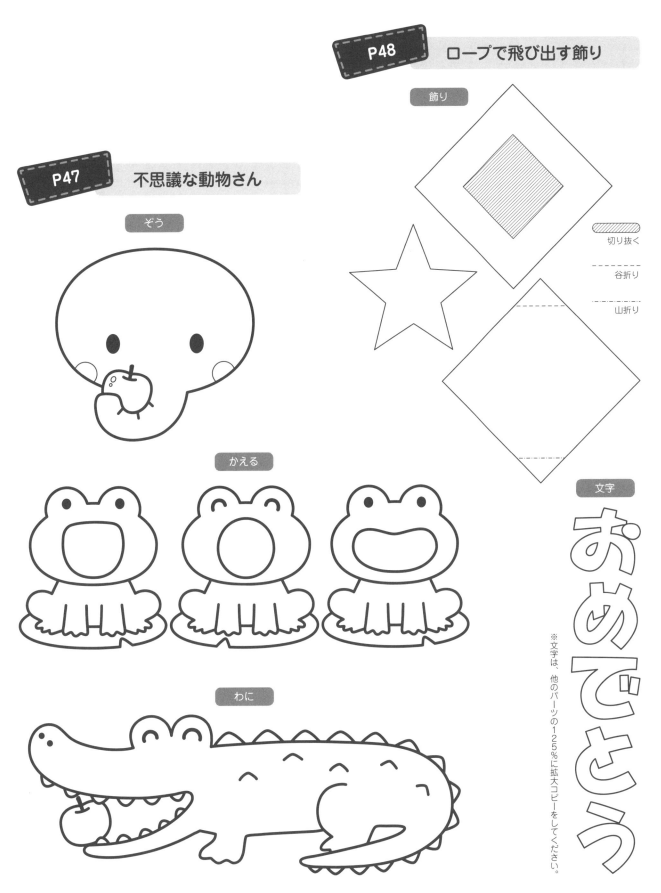

ぞうくんのおやつ

お花が咲いたよ！

`P62〜64` でるでる絵本

表紙

① 白いページ

② ドーナツ
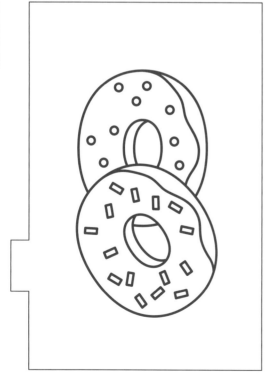

③ キャンディー

このメッセージが見えるまで開くときれいにコピーすることができます。

④ アイスクリーム

⑤ ケーキ

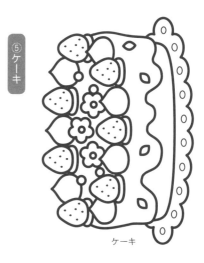
ケーキ

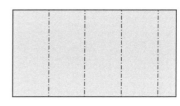
山折り

※ケーキの裏とケーキの台紙①に貼り、
　ケーキが飛び出すようにします。

このメッセージが見えるまで開くときれいにコピーすることができます。

ケーキの台紙①

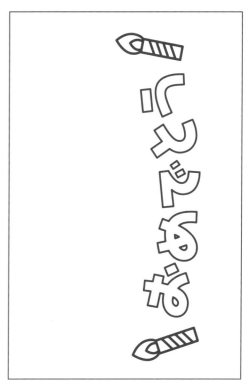

ケーキの台紙②

★作、案・指導 （50音順）

あかまあきこ、浅野ななみ、アトリエ自遊楽校 渡辺リカ、いしかわ☆まりこ、藤原邦恭、
山本和子、山本省三、kit-chen（小沢かづと、iku、鈴木 翼）

★人形製作、絵人形イラスト （50音順）

あかまあきこ、あさいかなえ、いしかわ☆まりこ、くるみれな（まーぶる）、坂本直子、
つかさみほ（まーぶる）、みさきゆい、やのちひろ、山本省三、YUU

カバー・本文デザイン・・・ひやまゆみ
演じ方イラスト・・・・・北村友紀、中小路ムツヨ
作り方イラスト・・・・・おおしだいちこ、河合美穂、くるみれな（まーぶる）、みつき
モデル・・・・・・・・石塚かえで、伊藤有希菜、鈴木貴子、原田舞美、
　　　　　　　　　　　宮崎紗也絵、吉江 瞳、芳澤諒香、吉田芽吹
撮影・・・・・・・・・林均、安田仁志
型紙トレース・・・・・奏クリエイト、ブレーンワークス
本文校正・・・・・・・有限会社くすのき舎
編集・・・・・・・・・田島美穂

ポットブックス
HAPPY お誕生会　シアター＆マジック

2018年2月　初版第1刷発行
2023年1月　　第7刷発行

編者／ポット編集部　©CHILD HONSHA CO.,LTD.2018
発行人／大橋 潤
編集人／竹久美紀
発行所／株式会社チャイルド本社
　　　　〒112-8512　東京都文京区小石川 5-24-21
電話／03-3813-2141（営業）　03-3813-9445（編集）
振替／00100-4-38410
印刷・製本／共同印刷株式会社
ISBN978-4-8054-0265-8
NDC376　26×21cm　80P　Printed in Japan

★チャイルド本社ホームページアドレス　https://www.childbook.co.jp/
チャイルドブックや保育図書の情報が盛りだくさん。どうぞご利用ください。

■乱丁・落丁本はお取り替えいたします。
■本書の無断転載、複写複製（コピー）は、著作権法上での例外を除き禁じられています。
■本書を代行業者等の第三者に依頼してスキャンやデジタル化することは、たとえ個人や家庭内の利用
　であっても、著作権法上、認められておりません。

本書の型紙を含むページをコピーして頒布・販売すること、及びインターネット上で公開す
ることは、著作権者及び出版社の権利の侵害となりますので、固くお断りします。また、本
書を使用して製作したものを第三者に販売することはできません。